Manger…
glouglou

Du même auteur :

Bulle de campagne (Fetjaine, 2007)
Sarko Story (Fetjaine, 2008)
Nico et Carla Story (Fetjaine, 2009)
La Gauche, la Droite et le Centre (Fetjaine, 2010)
Hollande Story (Fetjaine, 2012)
Hollande, ô désespoir (Michel Lafon, 2014)
Merci pour ce président (Michel Lafon, 2015)

Page précédente : François Hollande à Rungis, le 9 mai 2016.
Ci-contre : François Hollande dans le métro du Caire, 18 avril 2016.

Laurent Gerra

Jean-Louis Festjens

François
HOLLANDE

MON CAHIER DE PRIMAIRE

Illustrations de Jacky Redon

Michel Lafon

Liberté • Égalité • Fraternité
RÉPUBLIQUE FRANÇAISE

ACADÉMIE DES PRIMAIRES

Chère Madame, Cher Monsieur,

Chers parents d'élèves,

Chers électeurs,

Françaises, Français,

Ça va mieux.

Dès le début de mon mandat, je m'étais engagé à dresser moi-même le bilan de mon action en tant que proviseur des primaires. Presque cinq ans déjà que j'occupe cette fonction. On croirait pas, hein ?

Alors, je vous le dis sans détour, ça va mieux, mais ça n'a pas été facile. Et je pèse mes mots. Malgré quelques éléments prometteurs (la petite Najat, très douée ; la petite Myriam, pas très douée, mais très obéissante ; le petit Emmanuel, très doué, mais pas obéissant du tout), cette classe des primaires n'est pas au niveau. Beaucoup de bavardages inutiles. Beaucoup de chahut. Beaucoup de mauvaises notes. Quelques élèves exclus. Certains au piquet, toute la nuit debout. Il y en a qui copient sur leur voisin, je l'ai vu, ça ! Il y en a, surtout à la droite de la classe, qui font beaucoup de bruit et qui se disputent sans arrêt. Et à la gauche de la classe, c'est encore pire. Ça fronde, ça grogne, c'est jamais d'accord sur rien, ça ricane dans mon dos. Je le sais, ça ! Je l'ai entendu ! Tout au fond à gauche, près du radiateur, il y a les écoliers écolos qui font pousser des haricots sur du coton. D'autres préfèrent cultiver leur côté fayot. D'autres encore, un peu trop verts, n'arrêtent pas de tripoter leurs voisines. Ce n'est pas bien.

Même en sport, en foot, tous nuls ! Même pas capable de finir premiers ! Parti comme ça, je préfère vous prévenir, Madame, Monsieur, chers amis parents d'élèves, le conseil de classe en 2017, ça va être coton !

Mais, euh, est-ce que pour autant, tout a été négatif ? Non. Bien au contraire, puisque ça va mieux.

Palais de l'Elysée - 55, Rue du Faubourg Saint-Honoré - 75008 Paris

Moi, proviseur des primaires, j'ai obtenu de bons résultats. Je sais, ça ne se voit pas tout de suite, mais en cherchant bien, on trouve. En classe de croissance, on était à 0,2 sur 20 en 2014. Eh bien, on est à 0,3 en 2016. Il y a un mieux.

Moi, proviseur des primaires, j'ai obtenu un taux de chômage de 10,3 %. C'est bien, on a la moyenne !

Moi, proviseur des primaires, on me dit fatigué, à court d'idées, que sais-je encore, pressé d'en finir ? Eh bien, pas du tout. Vous vous rendez compte ? Soixante-et-un ans, et pas un cheveu blanc ! Je le dis très clairement, ce quinquennat ne m'a pas usé, ce quinquennat m'a requinqué, na !

J'ai fait un jeu de mots. C'est pour détendre l'atmosphère.

Alors j'en entends qui disent « Monsieur le Proviseur, ne vous arrêtez pas en si bon chemin ! Représentez-vous en 2017 ! » Si, parfaitement. Je l'ai clairement entendu. Eh bien à tous ceux-là, car ils sont très nombreux, je veux dire que je garde mon mystère. Comme dirait mon coiffeur (à 10 000) il ne faut pas couper les cheveux teintés en quatre : peut-être que je me représenterai, et en même temps peut-être pas. En attendant, chères Françaises, chers Français, je vous dévoile mon cahier de primaires où j'ai consigné mes pensées, quelques photos de classe politique, avec de jolies bulles, quelques beaux dessins ainsi que les notes des bons et des mauvais élèves, que je tiens à partager avec vous en toute transparence. Car la transparence, c'est ma prrrriorité !

Vive les Primaires,

Vive la France !

Ça va mieux !

François Hollande
ancien de la promotion « Teinture et embonpoint » de l'ENA,
proviseur des primaires.

À toi, cher journal, je puis le dire : Moi, proviseur des primaires en cette fin d'année, j'ai bien envie de me représenter en 2017. Pourquoi ? Parce que ça va mieux. Je viens d'inscrire une nouvelle élève, la petite Myriam El Khomri, en classe de Travail. Je sens qu'elle va être formidable !

François Hollande au Grand Palais, le 12 janvier 2016.

François Hollande, Myriam El Khomri et Stéphane Le Foll sur le perron de l'Élysée, le 9 décembre 2015.

François Hollande et les girls du Moulin-Rouge à Broadway, pendant la 70e assemblée de l'ONU à New-York, le 27 septembre 2015.

J'en entends qui disent que je suis impopulaire. J'en connais qui veulent ma place. Je le sais, ça ! Et pourtant, j'ai toujours autant de succès avec les femmes. Ça, c'est mon côté Georges Clooney de la rue du Cirque !

François Hollande et Nicolas Sarkozy à l'Élysée, le 15 novembre 2015.

Alors, Fan-Fan la teinture, t'as commencé à faire tes cartons ? Parce que je reviens bientôt, hein !
Mais oui, c'est ça. Petit malin !

CLASSE DE PRIMAIRE

CARNET DE NOTES DE : SARKOZY Nicolas
Délégué de classe (rangée de droite)

Appréciation du Proviseur 7/20 — élève insupportable !!!!	Après son échec au précédent examen, Nicolas a choisi de redoubler. Force est de le reconnaître, Nicolas est incontestablement un élève travailleur, énergique, voire acharné et que rien ne décourage jamais ! Tenez, il a été battu par moi – par moi ! – y a de quoi déprimer, non ? Eh ben pas lui. Il y a eu de gros problèmes de discipline, je le sais, voire quelques soupçons de tricherie lors des précédents examens, ce qui lui a valu plusieurs convocations au bureau du CPE, mais jusqu'à présent, Nicolas s'en est toujours sorti, avec tout au plus un avertissement ou un blâme.
Expression orale	Encore trop d'approximations et de fautes de français !
Sciences eco	Plus à l'aise pour redresser ses propres comptes que ceux de la France.
Maths	Très calculateur.
Langues vivantes	Italien
Gym	Aime courir. Ça peut lui servir.
Discipline	Nicolas a beaucoup d'énergie, mais il n'apprend pas ses leçons et persiste à faire toujours les mêmes erreurs. Risque l'exclusion en fin d'année.

UGO
'1793'
LA PRINCESSE DE CLÈVES
REDON

Manuel Valls et Emmanuel Macron à l'Assemblée, le 19 janvier 2016.

Bien sûr, il y a un peu de chahut dans les rangs,
bien sûr il y a des mauvaises têtes. Le petit nouveau,
Emmanuel, est très doué mais un peu remuant.
Mais je compte sur Manu, le chef de classe,
pour y mettre bon ordre...

Manuel Valls et Emmanuel Macron à l'Assemblée.

C'est pas gagné...

François Hollande et Ségolène Royal lors de la COP21, le 1er décembre 2015.

Ségolène Royal, Laurent Fabius, Barack Obama, François Hollande et John Kerry lors de la COP21, le 30 novembre 2015.

En novembre, on a organisé un grand atelier sur l'environnement au lycée. La COP 21 ! Ça veut dire, euh, Conférence Ouverte des Primaires. Non. Colloque Organisé par le Proviseur. Non plus… Et 21, parce que… Ah mince, je sais plus. Mais enfin c'était très bien. Très réussi. Beaucoup de monde. Et puis Mme Ségolène, l'ex-proviseure, m'a beaucoup aidé. C'est gentil.

François Hollande en République centrafricaine, le 13 mai 2016.

Du coup je laisse Manu, le chef de classe, s'occuper des questions de discipline, et je vais faire un petit tour à l'étranger où tout le monde m'aime bien. Ça me change.

François Hollande et Emmanuel Macron lors du Mondial de l'Auto 2014.

L'enjeu environnemental n'empêche pas la bonne humeur. C'est tout moi, ça ! C'est la méthode Hollande ! Doux, onctueux et en même temps acidulé : la crème hollandaise !

Louis Aliot et Marine Le Pen à Nîmes, durant la campagne des régionales, le 2 décembre 2015.

Pierre de Saintignon, Xavier Bertrand et Marine Le Pen sur I-télé lors du débat sur les régionales en région Nord–Pas-de-Calais–Picardie, le 27 octobre 2015.

En même temps que la COP 21, j'organise l'élection des délégués de classe régionaux. Grosse agitation parmi les élèves, surtout dans la rangée de droite. La petite Marine se voit déjà remporter le gros lot, et du coup elle se lâche. C'est pas pour dire, mais ces élections commencent à sentir pas bon.

CLASSE DE PRIMAIRE

CARNET DE NOTES DE : LE PEN Marine

Appréciation du Proviseur élève trop REMUANTE !	Venant du cours privé Jeanne-d'Arc, situé en dehors de l'établissement, Marine a rejoint la classe depuis quelques années déjà, même si elle passe encore pour une nouvelle venue. Une bleue. D'ailleurs elle se surnomme elle-même la Bleue Marine, c'est tout dire. Marine fait manifestement beaucoup d'efforts pour se mettre au niveau dans toutes les matières, mais elle a de grosses lacunes*. En résumé, elle ne s'intéresse qu'au français, ce qui ne l'empêche pas d'être persuadée d'être la seule à avoir les bonnes réponses sur tous les sujets. Du coup, elle lève le bras à tout propos, prend la parole même quand on ne l'interroge pas, et brigue même ma place de proviseur ! Il faut du culot, non ? Eh bien ce culot, Marine elle l'a. * Comme Venise. Ha, ha ! Je fais de l'humour.
Participation	A un avis sur tout, mais pas forcément le bon.
Histoire-Géo	Leçons trop vite apprises, mal assimilées.
Instruction civique	Rend trop souvent une copie blanche.
Maths	A un problème avec les chiffres arabes.
Langues	Français - Réfractaire aux langues étrangères.

REDON

Carla Bruni et Nicolas Sarkozy votent à Paris lors du second tour des régionales, le 14 décembre 2015.

En décembre, c'est en même temps
les deux tours de l'élection et la fin de la COP21.
Bon, ben qu'est-ce que vous voulez, on ne peut pas gagner tout le temps…

Barack Obama et François Hollande au restaurant L'Ambroisie, le 30 novembre 2015.

Mais quand je vois ce qui se passe dans les autres établissements, je me console en me disant que je ne suis pas le seul à avoir des problèmes.

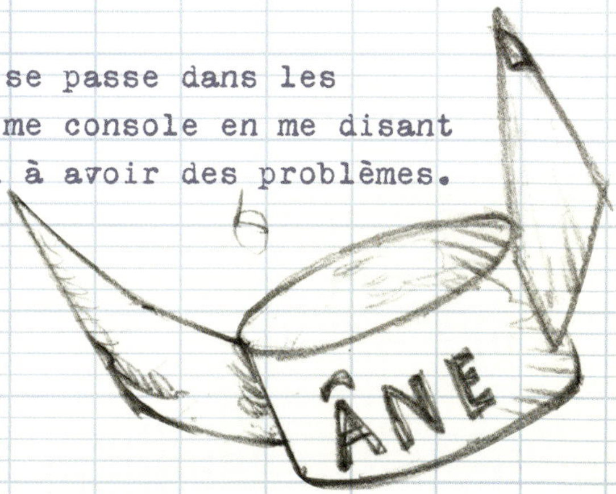

François Hollande et Barack Obama dans le Bureau ovale à la Maison Blanche, le 24 novembre 2015.

*Alors voilà : à propos de la Syrie, je crois que nous devrions…

François Hollande et Vladimir Poutine au Kremlin à Moscou, le 26 novembre 2015.

Qui a pété ?

François Hollande et Vladimir Poutine au Kremlin
à Moscou, le 26 novembre 2015.

Qui a pété ?

C'est toujours enrichissant
les voyages scolaires.
Je rencontre mes homologues,
nous échangeons des idées pétantes...

Classe de Primaire

Carnet de notes de : BAYROU François (Milieu de classe)

Appréciation du Proviseur	Élève qui se situe dans le milieu de classe. Il est d'ailleurs assis bien au centre, tout seul comme un con, avec sa copine Marielle qui lui souffle les réponses. Ce n'est pas pour être méchant, mais François me fait penser à un élève d'auto-école qui a réussi son code, mais qui échoue chaque fois à la conduite, à force de s'obstiner à vouloir rouler sur la voie du milieu, au lieu de serrer à droite comme ses anciens petits camarades ou de braquer franchement à gauche. Ce n'est pas qu'il ne mette pas son clignotant, au contraire, il ne fait que ça ! Le clignotant, le warning, les feux de détresse, la pédale de frein, il s'en sert tout le temps ! Il faut cependant que François comprenne qu'en roulant au centre à une allure de tracteur, il ralentit tous les autres. Il mériterait de se faire tirer les oreilles, mais ça aggraverait son cas !
Un peu de nerf, François !	
Expression orale	Moyen 10/20
Sciences eco	Moyen 10/20
Camaraderie	Moyen 10/20
Participation	Moyen 10/20
Moyenne Générale	Moyenne 10/20

la poule
au pot
REDON

Anne Hidalgo, Nicolas Sarkozy et Manuel Valls, novembre 2015.

Les drames de la fin 2015 ressoudent momentanément la classe, mais ça ne dure pas. Entre l'extrême droite, la droite, le centre, l'aile droite de la gauche, la gauche, l'aile gauche de la gauche, les frondeurs, les écolos, l'extrême gauche et j'en oublie, je me sens pris en sandwich comme un cornichon dans le pâté.

Et voilà que monsieur IKÉA ramène sa fraise ! on aura tout vu.

Aurélie Filippetti et Arnaud Montebourg lors de la fête de la Rose à Frangy-en-Bresse, le 23 août 2015.

Classe de Primaire

Carnet de notes de : MONTEBOURG Arnaud

Appréciation du Proviseur *Insolent !*	Moi, proviseur des primaires, je me dois de rester impartial, mais je suis également tenu de vous dire la vérité, chers parents d'élèves. Eh bien la vérité, c'est qu'Arnaud, je peux pas le saquer. Enfin si, je peux. Et d'ailleurs, je l'ai déjà saqué pour insolences répétées. Eh ben non, rien à faire, il revient une fois encore, avec son alternative pour la France, sa cuvée du redressement et ses étagères Ikéa ! Arnaud doit être dressé. Voire redressé de façon productive.
Expression orale	Agaçant sur la forme, énervant sur le fond.
Sciences popo	Quelques notions mal assimilées. Doit approfondir ses connaissances.
Camaraderie	Traîne toujours avec la même petite bande de frondeurs. Accueille volontiers des cancres grecs.
Participation	Dilettante. Il faut choisir, Arnaud. C'est Ikea ou la Primaire !
Discipline	Les parents du petit Arnaud voudront bien prendre note que s'il continue à me traiter, Moi, proviseur des primaires, de « pépère avec sa cravate de travers », à me donner le « charisme d'un esturgeon » ou d'écrire sur les murs de l'école « Le proviseur Hollande ment tout le temps, c'est pour ça qu'il est à 20 % », il risque l'exclusion définitive ! Non mais.

REDON

Qui a pété ?

Ségolène Royal, François Hollande et Ban-Ki-Moon lors de la COP21, le 30 novembre 2015.

Marine Le Pen et le leader de la Ligue du Nord italienne, Matteo Salvini, lors d'un meeting à Milan, le 28 janvier 2016.

Je me dois de l'admettre, cher Journal : les femmes me surprendront toujours. Ça me perdra…

Raul Castro et François Hollande à l'Élysée, le 1er février 2016.

En février 2016, je reçois Raul Castro à l'Élysée. C'est Mélenchon qui est content… Moi, si ça peut faire plaisir, hein…

On a beaucoup en commun, Raul… Moi aussi j'ai le Cuba.
Oui, mais tu n'es pas Fidel

Nicolas Sarkozy à Morestel (Isère), le 10 mars 2016.

Je remarque une certaine agitation dans la rangée de droite de la classe. Nicolas, leur délégué, se voit déjà proviseur des primaires à ma place l'année prochaine. Petit malin... Le problème, c'est que dans son camp, ils s'y voient tous.

Page de droite : Éric Woerth, Laurent Wauquiez et Nicolas Sarkozy lors du Conseil national des Républicains, le 14 février 2016.

En bas : Nicolas Sarkozy et Laurent Wauquiez à Morestel (Isère), le 10 mars 2016.

Front rouge !
Eh ben dis donc... c'est pas gagné !

T'es gentil, mon petit Laurent, va me chercher un café...

Alain Juppé à Rennes, le 20 avril 2016. Ci-dessous : Nicolas Sarkozy au siège des Républicains, le 3 mai 2016.

Nicolas Sarkozy lors du Conseil national des Républicains, le 14 février 2016.

Ce qui me rassure, c'est qu'à droite, c'est une vraie empoignade de bac à sable. À gauche aussi, remarquez…

Mais le Sarkozy,
y connaît pas Alain !
Je vais l'éparpiller
façon puzzle !

Alain et Isabelle Juppé à Avignon, le 31 mars 2016.

En mars, c'est le petit Alain, l'un des doyens de la classe, qui semble le mieux placé pour me succéder. Tu parles d'un coup de jeune ! Enfin, tant qu'ils se tapent dessus avec le petit Nicolas, ça me fait des vacances…

Page de gauche : Alain Juppé sur France 5, 20 mars 2016.

Juppé Alain
Classe de primaire

DEVOIR SUR TABLE

Sujet : comment résoudre la crise, puisque vous êtes si malin ?

5/20

Devoir bâclé ! Nul !

Comme je l'ai écrit dans mon livre, je pense qu'il y a une solution très simple, qui consiste à supprimer 200 000 à 250 000 fonctionnaires.

Une mesure que j'entends prendre dès ma nomination au poste ... proviseur

... et avec très ... car il faut ... néanmoins

Il s'agit ... je pen... radic... car... ils...

CLASSE DE PRIMAIRE

CARNET DE NOTES DE : JUPPÉ Alain

Appréciation du Proviseur	Élève plus âgé que le reste de la classe et dégarni du bulbe, ce qui lui vaut quelques moqueries, surtout de la part de son délégué de classe dans la rangée de droite, Nicolas. J'ai notamment relevé quelques graffitis sur son pupitre : « Alain, il se peigne avec une éponge », « Alain = boulàzède », « Alain = crâne d'œuf » ou « vieux jeune ». Je sais que ces moqueries viennent de ceux qui, derrière mon dos, n'hésitent pas à me traiter de « gros teinté ». Je l'ai entendu, ça ! Du coup, je compatis. Mais pas trop, parce que je risque bien de le retrouver en face de moi en 2017.
Expression orale	Élève doué, mais pontifiant et soporifique. Faites un effort sur les petites blagues !
Ortographe	ALl JUP écrit en phonétique pour faire jeune. Punition : recopier dix fois le verbe Agir au présent de l'indicatif.
Camaraderie	Fait des efforts, mais il y a du boulot. Alain participe, il prend la parole, il essaie même quelques plaisanteries, mais enfin, avouons-le, il est rare que le chauve sourie.
Sport	Adepte de la boule de billard

La contraction de ces deux surnoms, crâne d'œuf et vieux jeune, donne « vieux jeune d'œuf »*.

* Hé, hé. Je fais de l'humour !

REDON

Et surtout, vous n'appuyez pas sur ce bouton-là. C'est le bouton nucléaire. Ça va faire Boum...
J'fais c'que j'veux.

Manuel Valls, François Hollande, Najat Vallaud-Belkacem et Fleur Pellerin à la Maison de la Radio, le 11 janvier 2016.

C'est pas pour faire mon Calimero, mais enfin, les occasions de s'amuser sont tellement rares depuis que je suis proviseur ! Du coup, à la moindre occasion, j'en profite !

Page de gauche : François Hollande à Tulle, le 16 janvier 2016.

ÉQUITABLE PAR ECOCERT
FAIRTRADE
En tout cas, mes amis – et je tiens à le dire tout particulièrement à vous, Mesdames –, dans votre usine il y a pas que des cageots !

Si je veux être réélu
proviseur en 2017,
il faut peut-être
que je me bouge un peu
(je ne peux pas compter
que sur mon bilan !).
Du coup, je vais
à la rencontre des gens
pour leur expliquer
que ça va mieux.
Bizarrement,
ils ne me croient pas.

François Hollande à Rungis, le 9 mai 2016.

Allez, Angela, dis camion.
Kamion.
POUÊT POUÊT !
Ach ! Très fin ! Ch'adore l'humour français !

François Hollande lors de la COP21, le 30 novembre 2015.

Des fois, je me sens seul. Heureusement, mes relations avec Mme Merkel, la prof d'allemand et d'économie, n'ont jamais été aussi bonnes.

Page de gauche : François Hollande et Angela Merkel au Bourget, le 30 novembre 2015.

Bernard Cazeneuve, Emmanuel Macron, Manuel Valls, Jean-Jacques Urvoas
et François Hollande à la sortie du Conseil des ministres, le 3 février 2016.

J'ai de la chance, dans mon équipe, tout le monde réfléchit à 2017. Une belle équipe de penseurs ! Ça, on dira ce qu'on veut, mais y a du neurone au mètre carré ! D'ailleurs avec Manu, le petit Emmanuel (qui est en marche) et la petite nouvelle, Myriam, on va lancer une loi sur le Travail qui va mettre tout le monde d'accord, vous verrez…

Manuel Valls, Myriam El Khomri et Emmanuel Macron à Chalampé, le 22 février 2016.

pour déclarer l'ISF 2015

Soit un patrimoine inférieur à 2,57 millions d'euros

Sachant que j'ai gagné 2,9 millions d'euros

que j'étais banquier,

comment j'ai pu rester si longtemps

sous le seuil de 1,3 million d'euros

entre 2

de p

CLASSE DE PRIMAIRE

CARNET DE NOTES DE : MACRON Emmanuel

Appréciation du Proviseur *Élève remuant, à recentrer !*	Après un très bon début d'année, Emmanuel m'a déçu. Déçu, déçu, déçu. Déjà, il change tout le temps de place, un coup à droite, un coup à gauche, un coup en marche (en marche vers quoi ? En marche vers la porte, si ça continue ! Non mais !). Beaucoup de bavardages inutiles qui lui font perdre des points. Alors oui, Emmanuel a apporté un élan nouveau dans la classe, un souffle, une onde (et même une Macron-onde), mais il doit comprendre que de réelles capacités et une certaine aisance, ça ne suffit pas. Vous croyez que j'ai de réelles capacités, moi ? Vous trouvez que j'ai l'air à l'aise ? Alors, vous voyez bien ! Il va pas faire sa loi, Macron !
Expression orale	Parle tout le temps, à tort et à travers
Mathématique	Un peu trop à l'aise avec les chiffres, mais oublie de compter certaines choses.
Camaraderie	Tendance à se prendre pour le chef, ce qui finit par agacer (d'autant plus que le chef, c'est moi).
Participation	Élève dissipé, trop bavard. Doit apprendre à la boucler cinq minutes.
Discipline	Emmanuel doit veiller à ne pas prendre la « grosse tête » ! Avec son allure de premier de la classe, ça ne m'étonnerait pas qu'il y en ait qui l'attendent à la récré pour lui en faire une, de grosse tête.

essus du

déclench

ros sont néc

à côté de l'

= 250 000 e

REDON

Emmanuel Macron et Manuel Valls à Tokyo, le 5 octobre 2015.

Christiane Taubira à l'université de New-York, le 29 janvier 2016.

Qui a pété ?

Voilà que la petite Christiane décide de quitter la classe sans prévenir personne, à cause d'un cours d'instruction civique sur la déchéance de nationalité qui ne lui a pas plu. Fin janvier, elle part comme un pet sur une toile cirée !

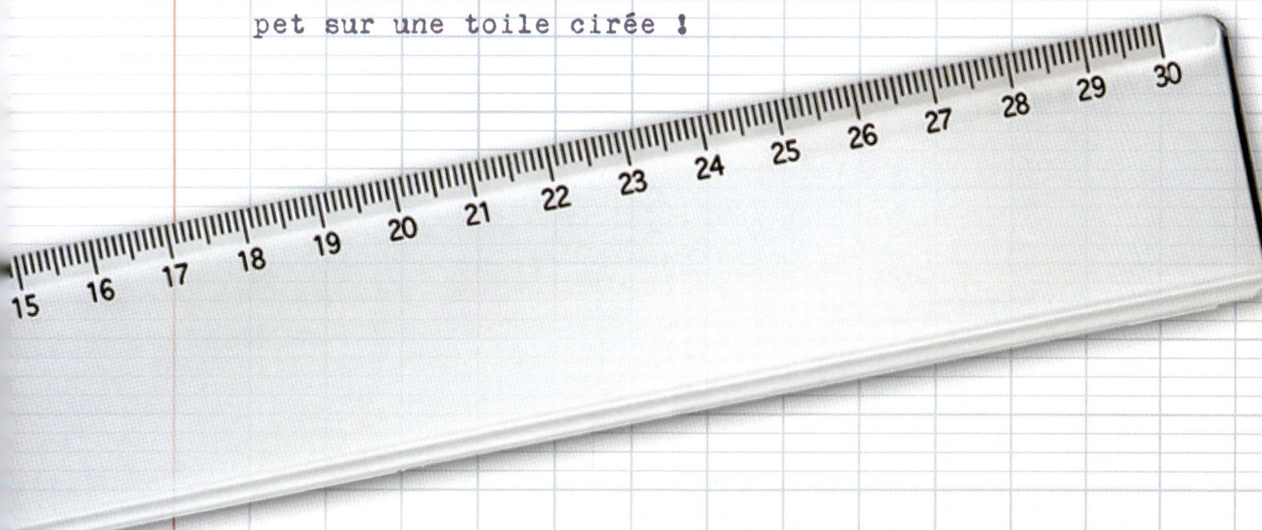

EMMANUEL
MACRON
POUR 2017
CREATIVE INDUSTRY
UNE VISION
D'AVENIR !

Harlem Désir, Najat Vallaud-Belkacem et Manuel Valls sur une terrasse des Champs-Élysées, le 8 mai 2016.

Je le sens bien, au sein même de mon équipe, il y en a qui se verraient volontiers proviseur l'année prochaine. Je ne suis pas content. C'est pas parce que ça va mieux qu'il faut se croire tout permis ! Non, mais !

Page de gauche : Emmanuel Macron lors de la Hanover Messe, Hanovre, le 26 avril 2016.

Manuel Valls, Myriam El Khomri et Emmanuel Macron lors d'une conférence de presse à Matignon, le 14 mars 2016.

La loi sur le Travail passe mal. Je ne vois pas pourquoi. Allonger la durée des cours, pouvoir virer de la classe les mauvais élèves (ou même les bons), laisser chaque prof décider de son programme, tout ça, c'est chouette ! Mais non. Les gens ne sont pas contents. Du coup, je renforce mon équipe de surgés à gros yeux.

Bernard Cazeneuve, Jean-Yves Le Drian et Jean-Marc Ayrault, le 26 avril 2016.

Classe de Primaire

Carnet de notes de : VALLS Manuel Chef de classe

Appréciation du Proviseur	Manuel est un élève obéissant, à la limite du fayot, mais que ses petits camarades considèrent comme un pète-sec. Je vois bien que Manuel fait de gros efforts pour avoir l'air gentil, mais quand il sourit, on a l'impression qu'il va planter une banderille ou vous couper le chorizo. Moi, proviseur des primaires, je ne devrais pas le dire, mais quand il fait ses gros yeux, j'ai peur. Je ne suis pas le seul : la petite Christiane s'est plainte de sa « virilité intimidante » ! Les petits Arnaud, Benoît et Aurélie l'ont traité de « rigoriste de droite ». Bon, ils ont tous été virés, mais quand même ! Et maintenant, voilà qu'il s'en prend au petit Macron, sous prétexte qu'il dit sans arrêt n'importe quoi. Et alors ? Moi aussi, je dis n'importe quoi ! Il ne veut pas me virer, tout de même ?
Expression orale	Faire attention aux « euh » entre chaque mot. C'est, euh, déjà pris.
Langue Vivante	Catalan. Quel talent !
Camaraderie	De gros efforts à fournir. Manuel est un peu soupe-au-lait. Je dirais même soupe olé !
Participation	S'intéresse à tout, mais ne laisse pas ses petits camarades s'exprimer.
Instruction civique	Doit revoir le rôle des députés, mal assimilé.
Moyenne Générale	49,3

REDON

Ah mais moi,
je l'adore,
Alain Juppé !

Nicolas Sarkozy au siège des Républicains, le 3 mai 2016.

Vous voulez que je vous dise ce que j'en pense des primaires de la droite et du centre ? Eh ben, je vais vous le dire... Tiens, on va commencer par Alain Juppé. Juppé, il est tellement vieux qu'il est sur la photo de classe de Jésus.

Alain Juppé et François Fillon lors du Conseil national des Républicains, le 13 février 2016.

Quant à François Fillon, il est tellement menteur qu'il pourrait faire porte-parole pour Monseigneur Barbarin.
Hein ?
Et voilà ! En même temps c'est pas faux...

Classe de Primaire

Carnet de notes de : FILLON François

Appréciation du Proviseur Rien	Élève taciturne et peu communicatif qui, caché derrière ses sourcils, travaille dans son coin sur le programme (scolaire) en se couchant sur son pupitre le bras replié, pour empêcher les autres de copier sur lui. C'est là où il se trompe : les autres n'en ont rien à faire, du programme. Comme si c'était celui qui avait le mieux bossé son programme qui gagnait l'examen ! Tenez, moi, par exemple. Est-ce que j'avais un programme, la dernière fois ? Oui. Est-ce que je l'ai appliqué, moi, proviseur des primaires ? Non. Pas la peine, puisque j'étais proviseur. CQFD.
Expression orale	On ne l'entend pas
Sciences eco	Libéral. Comme moi. Enfin, euh, non. Pas comme moi.
Participation	Il est là, mais personne ne le remarque
Discipline	François est un bon élève de Primaire, mais il ne passera pas dans la classe supérieure.

REDON
72

Philippe Martinez de la CGT, Myriam El Khomri, Manuel Valls et Emmanuel Macron à Matignon, 11 janvier 2016.

L'année 2015 avait mal fini, avec cette histoire de Régionales, 2016 commence mal. Comme quoi, il y a de la continuité dans nos résultats !

Cécile Duflot, Jean-Paul Huchon et Christiane Taubira au palais des sports de Créteil, le 9 décembre 2015.

François Hollande au Caire, le 17 avril 2016.

Fin mars, des élèves chahuteurs décident de passer la nuit debout.

C'est de leur âge. Moi, si j'ai pas mes dix heures de sommeil…

Myriam El Khomri, Manuel Valls et Emmanuel Macron à Matignon, le 11 mars 2016.

En mai, alors que tout le monde critique la copie rendue par Myriam es-conneries, c'est le petit Macron qui se prend les pieds dans l'ISF.

François Hollande et Ségolène Royal
lors d'une conférence de presse à l'ONU,
le 22 avril 2016.

Plus que jamais, il faut resserrer mon équipe. Heureusement, je peux compter sur de fidèles soutiens…

Classe de Primaire

Carnet de notes de : LE PEN Jean-Marie

Appréciation du Proviseur	Doyen de la classe, Jean-Marie s'est attribué le rôle de surveillant-général (voire de surveillant-maréchal). Élève bruyant et dissipé, éternel redoublant qui passe son temps à lancer des blagues douteuses ou à invectiver ses petits camarades, il n'étudie pas l'histoire en détails (malgré un intérêt certain pour la Seconde Guerre mondiale). Méprise les langues étrangères, mais raffole du latin, dont il n'hésite pas à émailler de citations ses laborieuses dissertations. Se proclame « contre l'établissement », alors qu'il y a passé toute sa vie, et qu'il n'est pas près d'en sortir.
Assiduité	Jean-Marie est un élève révisionniste. Il révise beaucoup.
Langues vivantes	Un certain intérêt pour l'Allemand
Gym	Bon pied bon œil
Instruction Civique	Collabore volontiers
Physique	Bonnes notions d'électricité appliquée
Musique	Apprécie les fanfares militaires. Collectionne les disques rares.

*Annus horibilis**

*Année horrible. Moi aussi, je peux faire des citations latines…

REDON

Enrique Peta Nieto, président du Mexique, François Hollande et Manuel Valls lors de la COP 21, le 30 novembre 2015.

Qui a pété ?

Répétez après moi : ça va mieux, ça va mieux, ça va mieux, ça va mieux ! Ça va surtout mieux en le disant.

En revanche, ça ne s'arrange pas chez les Verts, où le compagnon de la petite Emmanuelle joue au DSK écolo, et où les élus désertent pour entrer dans mon équipe (où ça va mieux).

Audrey Azoulay, Barbara Pompili et Emmanuel Macron à l'Assemblée nationale, le 5 mai 2016.

À l'étranger, ça ne s'arrange pas. Comme quoi, hein, il n'y a qu'en France que ça va mieux ! Pour contrer les terroristes de Daesh, je cherche de nouveaux alliés…
Et pendant ce temps, le petit Jean-Luc (à gauche de la rangée de gauche) commence à croire lui aussi en ses chances pour 2017. 'Porte quoi ! On aura tout vu.

Le cardinal Mar Bechara Boutros al-Rai, patriarche maronite d'Antioche et de tout l'Orient, et François Hollande à l'Élysée, le 9 avril 2016.

Yánis Varoufákis et Jean-Luc Mélenchon à la fête de l'Humanité, le 12 septembre 2015.

Dissertation libre :

Ils peuvent toujours nommer Donald c'est quand même Picsou qui commande.

Le pessimisme face au futur ne doit pas être un argument supplémentaire pour l'inaction dans le présent.

LES DÉGOÛTÉS SONT PARTIS. IL RESTE LES DÉGOÛTANTS !

…SSE DE PRIMAIRE

…ARNET DE NOTES DE : MELENCHON Jean-Luc

Appréciation du Proviseur	Élève ronchon, jamais content, toujours en train de râler, alors que franchement, hein, on ne voit pas pourquoi. Comme je l'ai dit, ça va mieux ! Plus de croissance, plus de pouvoir d'achat, plus de manifestations, plus de chômage ! Alors, de quoi il se plaint ? Je vais l'envoyer passer la nuit debout, moi, au piquet avec les autres agités ! Au piquet de grève, avec ses petits copains de la CGT qui font rien qu'à bloquer le lycée ! Moi qui suis toujours d'accord avec tout le monde, franchement, j'ai du mal à comprendre cette attitude éternellement négative. Il me fatigue, ce cancre-là.
Expression orale	Agressif.
Sciences eco	Quelques notions de Sciences écoco.
Camaraderie	Beaucoup de camarades, peu d'amis.
Langues	Pas dans sa poche.
Gym	Toujours dans la course à l'Elysée

NON

Bruno Le Maire et François Fillon à l'Élysée, le 15 décembre 2010.

Et pendant ce temps-là, dans la rangée de droite, ça continue à s'agiter, ça se tire dans les pattes, ça copie sur son voisin, ça s'attend à la récré. C'est bien simple, on dirait la rangée de gauche.

Jean-Pierre Raffarin et Alain Juppé au salon de l'Agriculture, le 3 mars 2016.

Alain, le vieux jeune au crâne lisse comme mon genou, remporte les meilleures notes en critiquant tout ce que je fais. Si ça continue, je vais me représenter en 2017, ça leur apprendra à tous. Et après, faudra pas venir se plaindre !

Solognote
Clun Forest
interbev

Nicolas Sarkozy au salon de l'Agriculture, le 2 mars 2016.

C'est la grosse bite à Dudu-le !
Tu la sens bien, elle t'...

Bruno Le Maire et Nadine Morano lors du Conseil national des Républicains, le 13 février 2016.

Franchement, quand on voit l'état de la classe,
on se demande bien pourquoi ils veulent tous ma place.
D'autant, hein, qu'avec leurs programmes,
je leur souhaite bien du plaisir…

Page de gauche : Laurent Wauquiez et Nicolas Sarkozy à Morestel (Isère), le 10 mars 2016.

Classe de Primaire

Carnet de notes de : LE MAIRE Bruno

Appréciation du Proviseur *1er prix d'humour pour "Mon intelligence est un obstacle"*	Bruno est un élève sympathique. Il me fait d'ailleurs un peu penser à moi-même, avec ses grands yeux de ravi de la crèche, vous trouvez pas ? Bon, c'est certain, il ne part pas favori pour l'examen de 2017, mais on ne sait jamais ! Moi non plus, je n'étais pas le favori pour devenir proviseur des primaires. Et pourtant, c'est moi qui ai gagné le poste ! Pourquoi ? Parce que j'étais le moins pire, en 2012, entre l'obsédé du slip, l'antiquaire au parapluie, le petit matador et l'amateur de beu, sans oublier Ségo la Bravitude ni Madame Martine, la concierge. Si l'on regarde bien, c'est un peu pareil dans la rangée de droite, entre le petit agité, Papy Mougeot et le croque-mort de la Sarthe.
Expression orale	Trop poli pour être honnête.
Discipline	Bruno se voit déjà en tête des Primaires. Il en rajoute des tonnes pour avoir le programme le plus innovant et faire son jeune qui bouscule les préjugés. Avec un peu de bol, ça peut marcher. C'est ce que j'appelle le libéral bol.
Langue Vivante	Parle Allemand. Comme Jean-Marc Ayrault.
Participation	Avoir une tête de premier de la classe ne suffit pas pour le devenir.

François Hollande, Manuel Valls et Emmanuel Macron à l'Élysée, le 3 février 2016.

Je le sens bien : Manu, le chef de classe, a un peu de mal à se faire respecter. Sa moyenne s'en ressent : 49,3. C'est passable, mais tout juste.

Du coup, il craque un peu. Je devrais l'aider, mais non.

Manuel Valls et Emmanuel Macron à l'Assemblée nationale, le 10 février 2016.

Nicolas Sarkozy et François Hollande lors des cérémonies du 8 mai 2016 sur les Champs-Élysées.

Au printemps, le petit Nicolas est très bas dans les sondages. Presque aussi bas que moi, c'est tout dire. Du coup, dans la rangée de droite, tout le monde pense avoir sa chance en 2017, même des cancres mis au coin pour mauvaise conduite.

Jean-François Copé lors du Conseil national des Républicains, le 13 février 2016.

Ci-contre : Nicolas Sarkozy au siège des Républicains, le 30 mars 2016.

Oui, j'ai pris des écolos dans le conseil de classe.
On a vu tout de suite la différence. Non ? ça m'étonne.
Enfin, je peux rendre service, moi vous savez,
je n'hésite pas.

Et puis comme ça les autres la mettent en veilleuse.
Finement joué !

Emmanuelle Cosse et Jean-Vincent Placé au meeting de « Ecologistes ! », le 26 mars 2016.

Alain Juppé à Rennes, le 20 avril 2016.

Pendant ce temps-là, Alain, le vieux jeune, peaufine sa communication. On ne comprend pas toujours…

Classe de Primaire

Carnet de notes de : COSSE Emmanuelle

Appréciation du Proviseur	Élève dissipée, assise au fond de la classe, à côté du radiateur et de sa copine Cécile, avec laquelle elle passe son temps à coller des feuilles bizarres dans leur herbier ou à couper du tofu en rondelles, pendant que les autres travaillent. Du coup, Emmanuelle n'écoute pas, et si par hasard on lui pose une question, elle répond invariablement qu'elle est contre. En vert et contre tout. C'est lassant. Bonne participation en classe verte, mais ça ne suffit pas.
Langues	Vertes
Sciences Naturelles	Son camarade se fait trop tripoter la tige. Doit revoir entièrement l'appareil génital masculin.
Participation	Passe facilement l'éponge
Discipline	Quelques problèmes de comportement de son voisin, qui passe son temps à tripoter ses burettes et à disséquer les souris.

François Hollande à Tulle, le 17 janvier 2016.

En mai, plus d'essence ! On avait la Nuit debout, on a la Journée à pinces… À l'appel de Super Mario, le patron de la CGT, les raffineries sont bloquées et il y a la pénurie à la pompe. Les conducteurs et les conductrices ont beau faire la queue pour pomper et pomper, c'est tout juste si on en obtient quelques gouttes, c'est désolant.

François Hollande à l'Institut du Monde arabe, le 15 janvier 2015.

Emmanuel Macron, Manuel Valls et Myriam El-Khomri à l'Assemblée nationale, le 10 mai 2016.

En juin, le petit Emmanuel se fait tailler un costard par les grévistes. Je pourrais intervenir, mais non. Bien fait. En marche vers la porte, le trublion !

Manuel Valls et Emmanuel Macron à l'Assemblée nationale.

En fait, c'est lui qui s'en va tout seul.
Ça promet pour les primaires...

Haut les mains !
C'est pas moi ! J'ai rien fait !
Et rends le pognon !

François Hollande et Alain Juppé lors de l'inauguration de la Cité du vin à Bordeaux, le 31mai 2016.

Juste avant les vacances, le petit Sarkozy
est de nouveau embêté par les affaires d'argent.
Bien fait.
Et même le vieux Juppé commence à s'essoufler.
Re-bien fait.

Page de gauche : Nicolas Sarkozy au meeting de « Sens Commun », le 15 novembre 2014.

Pierre Gattaz, Myriam El Khomri Manuel Valls, Emmanuel Macron et Philippe Martinez, 14 mars 2016.

Si y a un truc qui va vraiment mieux, en France, c'est les grèves ! Les grèves de train, de l'essence, des avions, du métro.
Juste avant l'Euro, c'est bon pour notre image !

J'en entends qui disent que la France prend l'eau. Je l'ai entendu, ça ! Ben là, oui, c'est vrai, mais j'y suis pour rien...

Page de droite : Le zouave du Pont de l'Alma, 2 juin 2016.

Et vous, Monsieur le Zouave, qu'est-ce que vous pensez des inondations ?
Comme tout le monde, j'en ai ras les couilles.

Ouh là, Angela, j'ai la bite en feu !
Ach ! betit cokin !!

Angela Merkel et François Hollande, à Verdun le 29 mai 2016.

En mai, je commémore le centenaire de la bataille de Verdun avec Madame Merkel, la prof d'allemand. C'est très beau, très digne...

François Hollande lors du match Suisse - France (0 - 0), 19 juin 2016.

Fin juin, l'épreuve de foot se passe bien, mais finit mal. Pourtant, en foot aussi, ça va mieux. On ne gagne pas, mais ça va mieux.

En juillet, David Cameron, le prof d'anglais, fait son Brexit et je dois accueillir sa remplaçante, madame Theresa May. Très sympathique, très drôle.

François Hollande et la première ministre britannique Theresa May, Palais de l'Élysée, 21 juillet 2016.

J'en entends qui disent qu'en 2017, une fois encore, on ne votera pas POUR tel candidat, mais CONTRE telle autre, au second tour (je ne vise personne).

Eh bien moi, Proviseur des Primaires, je dis : c'est très bien.

Vive les Primaires,
Vive la France !

François Hollande
ancien de la promotion « Teinture et embonpoint » de l'ENA,
proviseur des primaires.

Illustrations de Jacky Redon : couverture et p. 5, 11, 13, 21, 23, 27, 29, 33, 40, 45, 49, 55, 61, 63, 69, 70, 77, 78, 83, 84, 91, 99, 112.

Crédits photographiques : p. 1 © DENIS ALLARD/POOL/SIPA ; p. 3 © WITT/SIPA ; p. 4-5 © SUCCO/PIXABAY ; p. 6 © GONZALO FUENTES/SIPA ; p. 7 © VILLARS/SIPA ; p. 8 © ALAIN JOCARD/AP/SIPA ; p. 9 © WITT/SIPA ; p. 12 © STÉPHANE ALLAMAN/SIPA ; p. 13 © CHAMUSSY/SIPA ; p. 14 © PHILIPPE WOJAZER/AP/SIPA ; p. 15 © LOÏC VENANCE/AP/SIPA ; p. 16 © STÉPHANE DE SAKUTIN/POOL/SIPA ; p. 17 © VILLARD/SIPA ; p. 18 © ALAIN ROBERT/APERÇU/SIPA ; p. 19 © SARAH ALCALAY/SIPA ; p. 22 © PHILIPPE WOJAZER/AP/SIPA ; p. 23 © THIBAULT CAMUS/AP/SIPA ; p. 24-25 © SIPANY/SIPA ; p. 26 © STÉPHANE DE SAKUTIN/POOL/SIPA ; p. 27 © SERGEI CHIRIKOV/AP/SIPA ; p. 30 © FRANÇOIS MORI/AP/SIPA ; p. 31 © ALAIN ROBERT/APERÇU/SIPA ; p. 34 © GUILLAUME HORCAJUELO/AP/SIPA ; p. 35 © ANTONIO CALANNI/AP/SIPA ; p. 36 © STÉPHANE DE SAKUTIN/AP/SIPA ; p. 37 © HAMILTON/POOL/SIPA ; p. 38 © ALLILI/SIPA ; p. 39 © WITT/SIPA et © ALLILI/SIPA ; p. 40 © JEAN-MARC DAVID/SIPA et © WITT/SIPA ; p. 41 © WITT/SIPA ; p. 42 © IBO/SIPA ; p. 43 © GUILLAUME COLLET/SIPA ; p. 46 © NIKO ARSOV/SIPA ; p. 47 © CHRISTIAN LIEWIG/POOL/SIPA ; p. 48-49 © CHRISTOPHE PETIT-TESSON/AP/SIPA ; p. 50 © DROESE/SIPA ; p. 51 © PHILIPPE WOJAZER/AP/SIPA ; p. 52 © CHAMUSSY/SIPA ; p. 53 © KAMIL ZIHNIOGLU/SIPA ; p. 56 © NICOLAS DATICHE/SIPA ; p. 57 © LEVY AMIR/SIPA ; p. 58 © SEBASTIAN GOLLNOW/DPA VIA AP/SIPA ; p. 59 © SEVGI/SIPA ; p. 60 © CHAMUSSY/SIPA ; p. 61 © LEWIS JOLY/SIPA ; p. 64-65 © WITT/SIPA ; p. 66 © ERIC DESSONS/JDD/SIPA ; p. 67 © WITT/SIPA ; p. 70 © CHAMUSSY/SIPA ; p. 71 © REVELLI-BEAUMONT/SIPA ; p. 72-73 © WITT/SIPA ; p. 74 © WITT/SIPA ; p. 75 © SIPANY/SIPA ; p. 78 © HAMILTON/POOL/SIPA ; p. 79 © NIVIÈRE/SIPA ; p. 80 © SEVGI/SIPA ; p. 81 © REVELLI-BEAUMONT/SIPA ; p. 84 © REMY DE LA MAUVINIÈRE/AP/SIPA ; p. 85 © SARAH ALCALAY/SIPA ; p. 86-87 © LEWIS JOLY/SIPA ; p. 88 © ALLILI/SIPA ; p. 89 © WITT/SIPA ; p. 92 © CHAMUSSY/SIPA ; p. 93 © WITT/SIPA ; p. 94 © LIONEL BONAVENTURE/AP/SIPA ; p. 95 © WITT/SIPA et © VILLARD/SIPA ; p. 96 © CHAMUSSY/SIPA ; p. 97 © JEAN-MARC DAVID/SIPA ; p. 98 © INSPIREDIMAGES/PIXABAY et © MOBINOVYC/PIXABAY ; p. 100 © MICHEL EULER/AP/SIPA ; p. 101 © CHAMUSSY/SIPA ; p. 102 © CHAMUSSY/SIPA ; p. 103 © WITT/SIPA ; p. 104 © KAMIL ZIHNIOGLU/SIPA ; p. 105 © HUGO AMEZ/SIPA ; p. 106 © THIBAULT CAMUS/AP/SIPA ; p. 107 © HOUPLINE RENARD/SIPA ; p. 108-109 © CHRISTIAN LIEWIG/POOL/SIPA ; p. 110 © MARTIN MEISSNER/AP/SIPA et © MEIGNEUX/SIPA ; p. 111 © THIBAULT CAMUS/AP/SIPA.

Photographies p. 1 de couverture © REVELLI-BEAUMONT/SIPA ; © CHAMUSSY/SIPA ; © IBO/SIPA ; © WITT/SIPA ; © ANTONIO CALANNI/AP/SIPA ; © SEBASTIAN GOLLNOW/DPA VIA AP/SIPA.

p. 4 de couverture © CHRISTELLE BARDET

Conception et réalisation
Gilles Legleye

Achevé d'imprimer en Italie
par CPM Centro Poligrafico Milano S.p.A. - Casarile (MI).

Dépôt légal : novembre 2016
ISBN 13 : 978-2-7499-3100-5
LAF 2285